# Tankestrek

–

## Thea Marie Sanne

Tegn Forlag 2018

# Utgiverinformasjon

## Tankestrek

Tekst: Thea Marie Sanne
Illustrasjoner: Alida Husby

© Tegn Forlag 2018

ISBN paperback: 9788283910032
ISBN innbundet: 9788283910001
ISBN e-pub: 9788283910018
ISBN mobi: 9788283910025

1. utgave. 1. opplag.

Korrektur : Sigrid Hesjevoll
(sigridhesjevoll@mail.com)
Trykk : Amazon
Fonter: Segoe UI og Edwardian Script ITC

Tegn Forlag gir hvert år fem prosent av sitt over-
skudd til et veldedig formål. Se våre nettsider for å
få mer informasjon om årets mottaker.

www.tegnforlag.no

Facebook: www.facebook.com/tegnforlag
Instagram: @tegnforlag
E-post: post@tegnforlag.no

# *Takk*

Til alle som har gjort meg urett,
kastet meg ut på dypt vann,
tråkket meg ned i dritten,
satt opp høye hindre,
ydmyket meg
og mishandlet meg.

Dere har endret livet mitt.

Jeg har lært meg å svømme
i opprørt hav.

Jeg har lært å vokse
som et frø begravd i jorden.

Jeg har lært å klatre høyere,
nå kan jeg bestige fjell.

Jeg har lært at stolthet
er en svakhet, og at
ydmykhet
er en enorm styrke.

Takk for at dere gjorde meg
**uovervinnelig.**

*Thea*

# Innhold

# Innhold

*"Tankestrek, skrifttegn (–) som er lengre enn bindestrek; brukes foran og bak et innskudd og foran tilføyelser (i stedet for komma), som punktmerke i punktvise oppstillinger, i angivelser av intervaller ved tid, mål osv."*

*Hentet 30. oktober 2018 fra https://snl.no/tankestrek.*

# Forord

Diktene i denne samlingen er skrevet over en periode på 30 år. Det er dikt fra min ungdom og gjennom hele voksenlivet. De beskriver både fiktive og reelle følelser, opplevelser og begivenheter. Ordene forteller om meg selv og andre mennesker, og de beveger seg mellom fantasi og virkelighet. Tittelen **Tankestrek** spiller på flere ting. Lik poesien generelt kan den gi ulik mening for hver enkelt som leser den. Tanketråder som spinnes, tomrommet som oppstår mellom det sagte og det usagte. Meningen mellom linjene, basert på hvert enkelt individs tolkning. Det som kommer før noen sier noe. Tomrommet før mening skapes. Pausen før noe skjer.

Alida Husby har så vakkert illustrert dette med solen som gir liv til en spire på toppen av T'en på forsiden av boken. I ordet **Tankestrek** ser vi en sverm av små tanker som sammen skaper mening.

Jeg håper denne boken vil gi deg et lite pusterom i hverdagen. Kanskje vil du spinne noen nye tanketråder selv?

Alt godt,
Thea Marie Sanne

**Dersom du omtaler boken i sosiale medier, benytt gjerne emneknaggene #tankestrek #tegnforlag og #theamariesanne. Jeg setter pris på tilbakemeldinger**

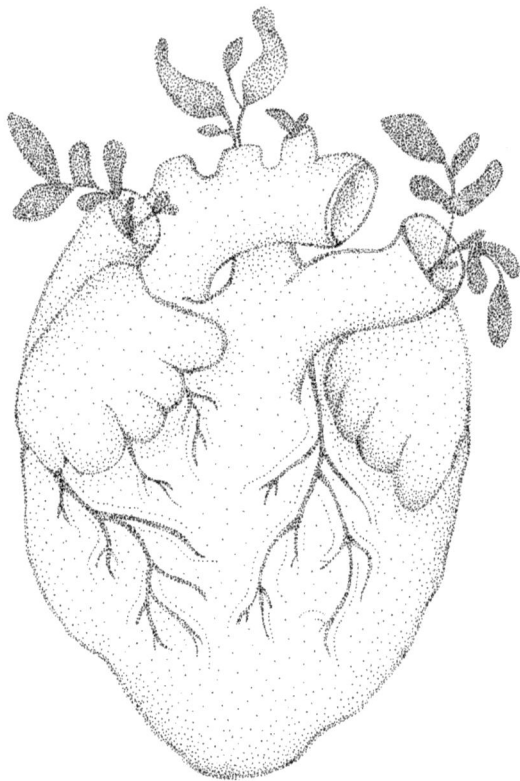

# Følelser

# Forventning

Øyeblikket.

Millisekundet
rett før kysset,
mens man ennå ikke vet
om knoppene
vil slå ut i full blomst
eller visne.

Pausen etter at du har
tent på raketten
og venter for å se
om den fyker til himmels,
smeller vakkert til
med en stjernesymfoni,
eller slukker sort og stille.

Lukk øynene.
Kjenn hjertet banke
for alt du lengter etter.

# Stjernesmell

Blendet
av lyset ditt.

Fanget
i varmen din.

# Ekte kjærlighet

Kjærlighet
er så oppskrytt.

Jeg elsker deg også,
potetgull.

Emneknagg:
I et forhold med
snacks.

Tanker man tenker
etter å ha funnet
et hjerteformet potetgullflak.

# Til deg

Jeg ville skrive
et dikt til deg,

men følelsene
ville ikke
bli til tanker.

Tankene
ville ikke
bli til ord.

Så jeg kunne ikke
skrive et dikt
til deg.

# Forvrengt

Skrevne dikt
og forbannet
ærlighet,

ikke løgn og
ikke sannhet.

Det du leser
er ikke det jeg skriver.

Mine ord
blir dine.

*Leker med det berømte sitatet fra Henrik Ibsens Peer Gynt:*
*"Dikt og forbannet løgn".*

# Bare ord

— Det er bare ord, sa du.

Men
for meg
betyr ordene alt.

# Tiltrekning

Vakker
er et synonym
for kjedelig.

Jeg velger
rar og interessant
når som helst.

# Grepet

Berør meg,
ikke huden min.

Se meg,
ikke øynene mine.

Gå dypere.

Var evig.

# Lyst

Pusten din.

Halsen min.

# Bålet

Flammen sluknet,
men kullbitene
gløder fortsatt.

Et lite pust
på riktig sted,

så vil det bli
full fyr igjen.

# SMS

1 ny melding.

Hei :)

En flom av følelser.

Flyte med strømmen
eller lede den
i riktig retning?

# Ord

Små tegn
satt sammen.

Meningsfylt og
meningsløst.

Tankestreker
knytter oss nærmere,
skyver oss fra hverandre.

Uendelige muligheter
på godt og vondt.
Vi griper dem begjærlig.

Vi skaper mening
hver for oss.

Noen ganger
for hverandre.

# Romantikk

Jeg søker ikke
store romantiske gester,
spektakulære erotiske krumspring
eller dyre gaver.

Min kjærlighet er
å få støtte når man trenger det,

å føle en unik kjemi,
hvor selv en uskyldig berøring
setter blodet i brann.

Noen som jobber iherdig
for å nå målet,
der andre gir opp.

Den vil jeg elske.

# Hjerteknuser

Du er
det skjeve trappetrinnet
hvor jeg sklir
og faller.

Du er
tauet
som tar
pusten fra meg.

Du er
kniven
som får
hjertet mitt til å blø.

Du er
kulen
som får
hodet mitt til å eksplodere.

# Nær avstand

Noe
som aldri startet,
tok slutt
før det begynte,

eksisterte
uten å være,
levde
uten liv,
døde
før det ble født.

Usagte ord
fortalte mer
enn jeg ville vite.

Du er
langt borte
og altfor nær.

# Farlig flørt

Blikket hans
hvilte i mitt
litt for lenge.

Et frø av håp
pakket inn
i sorgtung jord.

# Dagdrøm

På dagtid
er vi bare
en drøm.

Om natten
er vi
ekte

slik det burde være.

# Barn av natten

Fanget av månen,
kjemper sjelen din
en tapt kamp.

Jeg blør
under solen,
lengtende etter skyggen din.

I din omfavnelse
finner jeg meg selv.
Du settes fri
i min.

Tap
blir til seier.
Illusjoner
blir til virkelighet.

La jorden snurre rundt:
Solen vil blekne.
Månen vil våkne
og vi blir
gjenforent.

# Nedslag

Han falt.
Hun falt også,

men det var bare
en av dem
som reiste seg igjen,
på skjelvende ben,

og lot livet gå videre.

# Strålende

Vær lyset
i mørket.

Vær skyggen
i solen.

Vær det
jeg trenger,

og jeg vil
være din.

# Allvitende

Hjertet vet
alt
som hjernen
ikke kan
svare på.

*Leker med det berømte sitatet fra Blaise Pascal,*
*"Le cœur a ses raisons que la raison ne connaît point".*

# Værskifte

Regnet kom
og du sa:
   – Jeg trodde det ble sol?

Jeg lo.
Livet lo.

   – Vet du ikke at regnet kommer
både før og etter solen?

Alle vet jo det.

# Gjennomsiktig

Lengselen
etter noe
som bare er mitt,
men jeg må dele.

Jeg blir
mindre
og mindre.

Nesten usynlig.

# Fengselsfugl

Fanget
i et gyllent bur,
slo jeg ut vingene mine,

skadet dem,
mistet fjær,

fikk meg selv til å blø.

Bare for å minne meg selv på
at jeg var i live.

# Utvisket

Gråere
enn
regnskyer
i skumringen.

Grensen
mellom
deg og meg
viskes sakte bort.

Trangen til å
løsrive meg
klør i sjelen.

# Frykt

Smerte
skremmer meg ikke.

Det skumleste er
å ikke føle noe.

# Flammen

Ilden
i blikket ditt.

Hver berøring
et brannsår
i sjelen.

Til slutt
bare aske igjen.

# Smadret

– Du blør, sa du.
Åpent sår.

Jeg løftet hjertet mitt
forsiktig ut av kroppen.

– Det går bra, sa jeg.
Det slår fremdeles.

Så strødde du salt i såret.
Jeg hjalp deg med å gni det inn.

– Nå kan jeg ikke sette det på plass igjen,
sa jeg.
Det virker ikke lenger.

Du svarte ikke.
Du gikk bare videre,
til neste bankende hjerte.

# Reparatøren

Sterke hender
fikser alt
som går i stykker.

Selv han
kan ikke fikse
et knust hjerte,
en tynnslitt livslyst,
våre rustne drømmer
og ødelagte forhold.

Livets skarpe kanter
må vi slipe selv.

# Dypt kutt

Det skjærer
dypere
enn noen vet,

men det forblir
min hemmelighet.

# Kaldhjertet

Ikke frossent
for alltid.

Venter
på vårsolen.

Den når stedet
som vintersolen
ikke rekker frem til.

# Fargetyv

Det som var
fargesprakende
inni meg

er nå svart-hvitt.

Du stjal
både
regnbuen
og stjernene.

# Fri

– Er så forelska! sa du.
Hjertet mitt slo hardt.
– Det er ikke i deg, sa du.
Hjertet saknet farten.

Du trodde jeg ble såret,
men inni meg
jublet jeg,
av glede og lettelse.

Endelig fri!

# Åpning

Lengselen
etter noe
du ikke vet hva er
før du møter det.

Jeg har reservert en ledig plass
innerst i sjelen.

# Den ene

Vær den ene
som blir igjen

når alle de andre går.

# Glimt

Øyeblikket
der alt stemmer.

Leter etter
det blikket
i øynene dine.

# Nummer **en**

Du
er alltid
øverst.

# Rosen

Hadde rosen
luktet like godt
om den het
bæsjeklatt?

*Leker med det berømte sitatet fra William Shakespeare:*
*"A rose by any other name would smell as sweet".*

# Bokstavkyss

Tekstene våre
elsker hverandre.

De gnistrer
som stjerner
på en himmel av
blåsvart fløyel.

Hvert ord
et munnløst kyss
i mørket.

# Oss to

Din hånd
rolig og varm
over min.

Slik ble vi oss.

# Søvnløs

Bare månen vet
hvor mange
søvnløse
netter
du gav meg.

# Elektrisk

Din positivitet
gir meg ny energi.

Gnistene løper mellom oss
på usynlige ben,

via trådene
i verdensveven
som binder oss sammen.

# Flukt

Kan vi ikke bare
rømme dit,

du og jeg.

Der hvor alt er
ord og varme,

og ingen andre
kan nå oss.

# Sorg

# Nysgjerrig

Skar du
et snitt
i himmelen

for å
få et glimt
av verden

uten deg?

# Speilvendt himmel

Ser du
samme himmel
som meg,
mon tro?

Kanskje din himmel
er speilvendt,
der du er.

På andre siden
av stjernene.

# Bølger av sorg

Sorg,
er den som havet?

Ja.
Endeløs.
Dyp en dag,
grunn en annen.

Blikkstille ettertenksomhet.

Opprørte,
piskende,
druknende
bølger av bunnløs smerte.

Vi må bare svømme
så lenge vi orker.

# Storm

Ordene,

en livbøye
å klamre seg til
når bølgene blir
litt for høye.

# Metningspunkt

Så fullt.

Så tomt.

# Slik sorgen treffer oss

Sorgen føles ikke bare
som en klo rundt hjertet.

Det er sylskarpe klør
som trenger seg inn
i kjøttet,
så blodet pipler,

og river hjertet
sakte, men sikkert
i fillebiter.

# Tankevinger

Lette som fjær
faller de ned,

tankene om
en enklere tilværelse,

før de samler seg til vinger
og flyr av sted.

# Mor

Du er en smerte i hjertet mitt.

Du er snippen av lommetørkleet
med spytt, som tørker bort mat
fra munnviken min.

Du er lukten av kaffe
og et hint av røyk.

Du er reker og loff med musserende vin.

Du er middag med saus og poteter.

Du er den skurrende lyden av nitimen
på en gammel radio.

Du er lange bilturer i all slags vær.

Du er avstand og svik.

Du er den som sjelden var der
da jeg trengte deg mest.

Jeg var ikke der da du forlot oss.

Du er her ikke lenger,
men du vil alltid være her.

Det lange mørke håret ditt
gror videre på min datters hode.

Jeg hipser buksene mine opp
slik du alltid gjorde.

Min bror går over stuegulvet
helt likt som deg.

Du vil alltid være her
i våre hjerter,

mamma.

# Reise

Syner,
lyder,
lukter,
smaker.

Vakre,
vemmelige,
noen ganger hemmelige.

Påfyll for sjelen.
Hvile for kroppen.

Takknemlighet
for at vi har en hel verden å oppdage.

Reisen hjelper oss både med å holde ut
og å sette pris på
hverdagen vi flykter fra.

# Minner

Hver stjerne
et minne
om alt som var.

Hver bølge
et løfte
om alt som kommer.

Plutselig ser vi
stjerner i bølgene
og blir minnet på
at det gjelder
å leve nå.

# Drypp av forståelse

Når noen forstår
det uforståelige,
smelter frosten
i mitt indre
og kommer ut
gjennom øynene.

# Gråsone

Mørket
siger inn,

men jeg
lukker øynene

og ser lyset.

# Hjertefred

Du kan ikke gjemme deg
når sorgen banker på.
Den åpner hjertedøren
og går inn, uinvitert.

Setter seg
på den tomme plassen
i sofaen og
minner deg på alt som var.

Presser tårene ut av deg
ved å klemme hardt
rundt hjertet ditt.

Borte, men tilstede.
Stjernestøv i jorden.
Levende i hjertet og i minnet.
Alt vi vil er å se deg igjen,
holde rundt deg og
fortelle deg alle de små tingene
fra hverdagen.

Tomheten sitter der, urørlig,
holder sorgen i hånden.
Livet går videre
mens de begge puster oss i nakken.

Nå finner vi trøst i hverandre.
Alle våre bankende hjerter
slår i samme takt,
etter at ditt hjerte
stoppet.

Nå er vi sammen om dette.
Vi har det vondt sammen.
Vi gråter og vi ler sammen.
Vi har det godt sammen.
Vi minnes alt det fine sammen,
og vi lever.

Nå skal vi leve.
Våre hjerter skal banke
litt høyere og litt varmere.
Hjertene våre skal slå for deg
og for alle dem
med hjerter som stanset.

Våre hjerter skal banke videre
i takt.

Vi skal oppleve
hjertefred
sammen.

# Fjærlett sorg

Det føles fortsatt
uvirkelig.

Nå er du støv
i bunnen av
en gyllen krukke.

Du er aske
spredt i elven.
Du er små,
usynlige partikler.

Du er bølgene
i havet
der vi kom fra.

Du hviler trygt
i hjertene våre.

Hver gang jeg ser
en enslig fjær
på bakken,

tenker jeg på deg,

mamma.

# Sterke ord

Ordene
bærer oss
når kroppen
ikke makter mer.

Magiske tegn,
fortryllende lyder,
som viser oss
veien videre.

# Tolkning

Leter du etter
meningen med
disse ordene?

Du skaper den selv.

Akkurat som
meningen med livet.

*Styrke*

# Blindvei?

Du tror
veien stopper,
men den
skifter retning,
ender opp
et annet sted.

Gå videre.

# Feilaktig tiltalt

Det er sånn det er,
sier jeg.

Du sier det er
annerledes.

Du tar feil.

Tankene mine
er bare mine egne.

# Ekko

Ropet mitt
kommer tilbake
fra fjelltoppene.

Plejh?

Jeg forstår meg ikke.

# Veggen

Møter du veggen,
snu deg.

Gå en annen vei.

# Veivalg

Bygg en bro
eller riv en ned.

Kanskje
havner du
et annet sted?

# Balansekunst

Dansesko
med diamantsåler
skjærer vakre mønstre,
på en glassbro
mellom himmel og helvete.

Det får briste eller bære.
Jeg holder pusten
og danser litt
hver dag.

# Gjenfødelse

Du ser meg
vakle og falle.

Du tror jeg har tapt.

Jeg reiser meg opp igjen
hver gang.

Litt klokere.
Litt sterkere.

Litt mer motstandsdyktig.

## Kreditt

Jeg eier ikke skam.

Den kjøpes med behovet
for andres anerkjennelse
og den kontoen er tom.

Jeg har styrke og utholdenhet,
kjøpt med andres støtte
og eget pågangsmot.

Den kontoen
er full nok
til å overvinne alt.

# Håp

Et lite glimt
av noe bedre
er alt jeg trenger.

En gnist av håp,
for å komme gjennom
den mørkeste tiden.

Så står solen opp igjen
og alt er lys
og varme.

# Valg

Illusjonen
om fri vilje
binder oss alle
i usynlige tråder,

spunnet av
arv og miljø.

# Utakt

Langt der borte
ser du målet.

Tankene har nådd frem dit
allerede.

Kroppen bruker lengre tid.

# Spire

Drukner sjelen din
i motgang og sorg?

Ikke bli steinen
som sank tungt ned til bunns.

Bli et frø under jorden.

Strekk deg mot lyset.

Voks frem fra mørket og dritten.

Ta din plass i verden.

Det er **din** tur til å blomstre.

Så nye frø som kan vokse.

Dyrk hverandre.

Ingenting får slukke
gnisten
i din sjel.

# Mirakel

Mirakelet
du venter på?

Det er **deg selv**,

og den jobben
du gjør
hver dag

for å nå
målet ditt.

# Livsvisdom

Veien til lykken

er belagt med

godt gammeldags
hardt arbeid.

# Emosjonell dekonstruksjon

Bygg
en vegg
av alt du frykter.

Samle styrken
fra alt du elsker.

Slå veggen ned.

En gang for alle.

# Forundring eller forandring?

Blir du blind
for naturens undre,
er veien kort
til et kjedelig liv.

La deg forundre,
ikke forandre.

Lev for deg selv,
ikke for andre.

# Knusende hevn

Spark meg
når jeg er nede

og jeg vil
knuse deg

når jeg er oppe igjen.

# Solid grunnmur

De sterkeste
vennskap
bygges

i de hardeste
tider.

# Godhet

Strø det rundt deg
som glitter.

Selv om mye av det
faller av,

vil noe feste seg
for alltid.

# Magisk

Lyset,

når det plutselig
stråler gjennom
de mørkeste skyene,

og man gjenfinner
troen på
magiske øyeblikk.

## Papirkunst

A4?

Langt ifra!

Jeg er en obskur
origamifigur

som ingen kan
mønsteret til.

# Skriving

Hodet rommer
så mange ord.

Fingrene
klarer ikke
å holde følge.

# Kapitulasjon

Når diktet
snur på hælen
og kryper tilbake
til innerst i sjelen.

Hater når det skjer.

Hadde det på tungen.
Nå har jeg det på hjertet.

# Forfatter

Å skrive er
like naturlig
som å puste.

Jeg må ha luft,
mat,
søvn,
og jeg må skrive.

Jeg trenger ikke
andre mennesker
eller en sjelevenn
for å føle meg hel,

bare ordene
og noe å skrive med.

Når ordene flyter bort
i hjernetåken,
før jeg får fanget dem,
føles det som å miste
en bit av seg selv.

Det er ikke et valg.
Det er en livsnødvendighet.

# Bøker

Evig
fascinerende,
at tegn på papir
eller piksler
på en skjerm,
i møtet med blikk og tanker,
skaper
en hel verden
inne i oss.

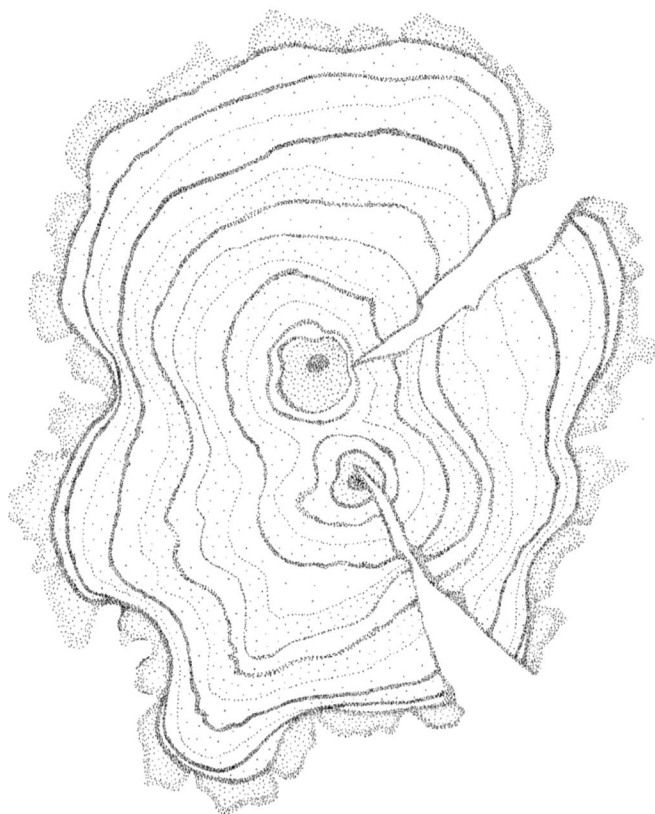

*Tid*

## Stopp tiden

Tiden
er en
illusjon.

Jeg stopper.
Den fortsetter.
Vent på meg!

# Slumrende

Øyeblikket
mellom søvn og våken
der du ikke føler noen ting.

Enkelte dager
ønsker jeg
det kunne vare
litt lenger.

# Vertigo

Når du ikke lenger vet
hva som er
opp og ned.

Stol på deg selv.
Snu deg dit
du helst vil gå.

Av og til
er det best
å ta omveien.

# Systemsvikt

Øyeblikket
alt stod stille,

mens jeg
gikk videre.

# Viskelær

Tiden er
et viskelær,

men avtrykket
sitter der.

Selv om strekene
viskes vekk
ser du det.

Om du kommer
nær nok.

# Alle dagene

Disse dagene
som kommer og går,
jeg vet at de er livet,

men noen ganger
føles de som
døden.

*Leker med det berømte sitatet fra Stig Ingemar Johansson:*
*"Alla dessa dagar som kom och gick, inte visste jag att det var*
*livet".*

# Ny dag

Dagen gryr.
Ny og ubrukt.

Gleder.
Sorger.
Kjærlighet.
Fortvilelse.

Vi har denne dagen.

Jeg er takknemlig
for hver eneste
vi får.

# Nye muligheter

Nytt år.
Nye sjanser til å snuble.
Nye sjanser til å reise seg.

# Skjult

En lys og stille morgen.

Tankene mine
danser videre i mørket.

# Illusjon

De dagene
hvor alt stemmer.

Ukjent fenomen.

# Sesongskifte

Høstens
morgengry

med
et kaldt pust

av vinter.

# Morgenlys

Den første dagen
du våkner,
hvor det er lyst ute,
etter en mørk vinter,

og gleden
over å leve
våkner samtidig.

# Vårlengsel

Alle drømmer om sommer.

Jeg lengter etter våren.

En ny start
hvor kulden dør
mens knoppene brister

og alt er lys og håp.

# Morgendugg

Naturens
eget
filter

gjør alt vakrere.

# Solfanger

Om jeg kunne
fange solen,

ville jeg
strødd noen solstråler
utover hver eneste
regnværsdag.

Jeg ville nytt synet av
alle de glitrende dråpene
dryppende ned
fra regnbuen.

# 8. mars

Kvinner.
Alt annet enn
"Det svake kjønn".

Styrke er ikke alltid det du ser.

Det er alt vi gjemmer inne i oss
så de andre kan føle seg sterke.

**Vi** vet, jenter, damer, baber og bitcher,
med små steg av gangen,
vil vi ta over verden,

forhåpentligvis før den ender.

# Evolusjon

Hvordan vet man
om man er gutt eller jente,
spør barnet.

Det er vel nok å vite
at man er
et menneske?

Du er den du er.

Unik og fantastisk.
Resultatet av stjernekollisjoner
og milliarder av år med evolusjon.

Jente eller gutt,
eller litt av begge deler.

Vær **menneskelig**.
Det er det viktigste av alt.

# Retning

Alle er vi
**en** avgjørelse
fra å leve et helt annet liv.

Velg med omhu.

Ikke gi opp.

Det er lov å
ombestemme seg
underveis.

# Delvis

Den delen
du ser

er ikke
hele sannheten.

# Gjenspeiling

Hvert bilde
du tar.

Hvert ord
du skriver.

En refleksjon
av deg.

# Om forfatteren

Thea Marie Sanne (født 1971) er opprinnelig fra Ellingsøy utenfor Ålesund. Hun bodde en kort periode i Ny-Ålesund på Svalbard, og tilbragte deler av oppveksten i Arendal. Sanne bor sammen med to barn og to katter, og hun har vært bosatt i Bergen siden 1991, med en avstikker til Oslo og Eidskog fra 1999 til 2002. Forfatteren er utdannet blant annet innenfor psykologi, kulturformidling og digital kultur ved Universitetet i Bergen.

Sanne etablerte Tegn Forlag i april 2017. Hennes første bokutgivelse kom i september 2017, heftet **Skattejakt**, med tips om kjøp og salg av bruktfunn.

Høydepunktet i forfatterkarrieren så langt var 8 oktober 2018, da antologien **Tales from the North Road** (utgitt av Andreas Christensen) ble nr. 1 for nyutgivelser innen fantasy-antologier på Amazon. Sanne bidro til den nevnte antologien med science fiction-novellen **The Fugitives**.

Sannes neste diktsamling **Hjertetråd** blir utgitt i 2019. Hun jobber også med flere andre prosjekter, blant annet fortsettelsen på novellen **The Fugitives**, science fiction-romanen **Rømlingene**.

**Kontaktinformasjon:**
Nettside: www.tegnforlag.no
Instagram: @tegnforlag @theamariesanne
E-post: tms@tegnforlag.no

## Utgivelser av Thea Marie Sanne

**Skattejakt** -en guide for deg som elsker bruktfunn, utgitt september 2017. (T. M. Sperre)

**Våte kyss** -kjærlighetshistorier fra Bergen, utgitt høsten 2018. Sanne var redaktør for antologien og deltok selv med novellene **Lypsyl** og **Eplet**.

**Tales from the North Road** (Utgitt av Andreas Christensen, oktober 2018.) Thea deltok i denne antologien med novellen **The Fugitives**.

**Tankestrek** -Diktsamling, utgitt november 2018.

**Em Dash**. Engelsk utgave av **Tankestrek**, utgitt november 2018. Spesialutgaver med fotokunst blir også utgitt av disse to bøkene i begrenset opplag.

**Spøkelsesprinsessen**. 9-13 år. Boken utgis november 2018. Samarbeid med Sperre & Kjartanson.

**Bøker som kommer:**
Hjertetråd (diktsamling).
Magisk (arbeidstittel, feelgood-roman).
Rømlingene (science fiction-roman).
Huset står tomt (poetisk fortelling).
Tomater på ville veier (barnebok m. Sperre).
Drømmefangeren (arbeidstittel, barnebok m. Sperre & Kjartanson).

## Om illustratøren

Alida Husby (født 1993) er en norsk illustratør og grafisk designer, bosatt i Barcelona.

Alida er utdannet innen visuell kommunikasjon, markedsføring og kulturledelse ved UIC Barcelona og Westminster Universitet.

Husbys illustrasjoner og design har blitt publisert blant annet i boken «365 formas de pedir trabajo», avisen La Vanguardia og blitt brukt av klesmerket Family Affairs.

Hennes forkjærlighet for tradisjonelle teknikker, barnebøker, samt nye muligheter gjennom digitalt design er byggesteinene i hennes visuelle stil og uttrykk.

Alida Husby vil også illustrere Sannes neste diktsamling **Hjertetråd** som kommer i 2019.

**Kontaktinformasjon:**
Nettside: www.alidahusby.com
Instagram: @alidahusby

# Om Tegn Forlag

Forlaget er et bergensbasert mikroforlag som ble etablert i 2017 av Thea Marie Sanne. Tegn Forlag gir ut bøker av alle slag. Du finner mer informasjon om bøkene våre på nettsiden **www.tegnforlag.no**. Der finner du også link til vår netthandel hvor du kan kjøpe produktene våre. Vi selger bøker, matchende bokmerker og andre produkter som er relaterte til utgivelsene våre.

Som et mikroforlag har vi mulighet til å gi ut både store, små, brede og smale bøker som vanligvis ikke hadde blitt tilgjengelige for allmennheten. Det er vi svært glade for.

# Andre diktsamlinger fra Tegn Forlag

Hjarteord av Ane Soldal Hagebø (nynorsk).
ISBN: 9788283910209
ISBN e-bok: 9788283910216

Det skjulte av Toril Mjelva Saatvedt (bokmål).
ISBN: 9788283910223
ISBN e-bok: 9788283910230

Em Dash av Thea Marie Sanne (engelsk).
ISBN: 9788283910049
ISBN e-book: 9788283910056

**Kommer i 2019**
Livets Poesi av Tove-Mari Wester (bokmål).
ISBN: 9788283910261
ISBN e-bok: 9788283910278

Hjertetråd av Thea Marie Sanne (bokmål).
ISBN: 9788283910346
ISBN e-bok: 9788283910353

Heartstring av Thea Marie Sanne (engelsk).
ISBN: 9788283910360
ISBN e-book: 9788283910377

Under grøne venger av Ane Soldal Hagebø (nynorsk).
ISBN: 9788283910384
ISBN e-bok: 9788283910391

# Andre bøker fra Tegn Forlag

Skattejakt av T. M. Sperre.
(Bokmål, hefte, sakprosa.)
ISBN: 9788269078480
ISBN e-bok: 9788269078428

Våte kyss av T. M. Sperre m.fl.
(Bokmål og nynorsk, innbundet, antologi, noveller.)
ISBN: 9788283910087
ISBN e-bok: 9788283910094

Spøkelsesprinsessen av Sperre & Kjartanson.
(Bokmål, innbundet, barnebok 9 -13.)
ISBN: 9788283910148
ISBN e-bok: 9788283910155

The Ghost Princess of Wuxing av Sperre & Kjartanson.
(Engelsk, paperback, barnebok 9 -13.)
ISBN: 9788283910162
ISBN e-book: 9788283910179

Flere fine bøker kommer i 2019.
Du kan melde deg på nyhetsbrevet vårt via nettsiden
www.tegnforlag.no hvis du vil følge med på hva som
skjer videre.

www.ingramcontent.com/pod-product-compliance
Lightning Source LLC
Chambersburg PA
CBHW030841090426
42737CB00009B/1062